dtv

JOHN STRELECKY

Folge dem Rat deines Herzens und du wirst bei dir selbst ankommen

Aus dem Englischen
von Bettina Lemke

Mit Illustrationen
von Root Leeb

dtv

Ausführliche Informationen über
unsere Autoren und Bücher
www.dtv.de

Von John Strelecky sind bei dtv außerdem lieferbar:
Wenn du Orangen willst, such nicht im Blaubeerfeld
Was nützt der schönste Ausblick, wenn du nicht aus dem Fenster schaust
Das Café am Rande der Welt
Wiedersehen im Café am Rande der Welt
Auszeit im Café am Rande der Welt
The Big Five for Life
Das Leben gestalten mit den Big Five for Life
Safari des Lebens
Reich und glücklich! (zusammen mit Tim Brownson)

MIX
Aus verantwortungsvollen Quellen
FSC® C022120

dtv Verlagsgesellschaft mbH & Co. KG, München
4. Auflage 2019

Titel der amerikanischen Originalausgabe:
Follow Where Your Heart Guides and You Will Discover Your True Self
Deutschsprachige Ausgabe:

Satz: Nadine Clemens, München
Gesetzt aus der Avenir
Repro und Druckdatenerstellung: Fotosatz Amann, Memmingen
Druck und Bindung: TBB, a. s., Slowakei
Gedruckt auf säurefreiem, chlorfrei gebleichtem Papier
Printed in Slovakia. ISBN 978-3-423-28978-8

EINE BOTSCHAFT DES AUTORS

Als ich begann über das Thema dieses Buches nachzudenken, kam mir immer wieder der Gedanke, dass unser Herz es vermag, uns auf eine überaus profunde Weise zu leiten. Als Kinder stehen wir in tiefem Einklang mit dieser Führung. Kinder strahlen in Bezug auf ihr intuitives Wissen eine Furchtlosigkeit aus und sind sich dieser Kraft bewusst.

Wenn wir älter werden, wird unsere Verbindung zur Intuition häufig von Menschen in unserem Umfeld kritisiert oder angezweifelt. Die Vermeidung von Angst und Leid gilt als oberstes Ziel. Der Wert der Verbindung zum Herzen wird gering geschätzt oder vollkommen missachtet.

Doch wir vergessen dieses geheimnisvolle und mächtige Instrument nie ganz. Vielleicht schlummert es eine Weile, doch in uns gibt es eine zarte, leise Stimme, die uns auffordert, uns wieder mit unserem Herzen zu verbinden. Es lohnt sich, auf diese Stimme zu hören. Denn während unser Verstand uns die Fähigkeit verleiht, Dinge zu analysieren und etwas logisch herzuleiten, kennt unser Herz die Antwort bereits, bevor der Geist nur ein Zehntel seiner Berechnungen angestellt hat.

Dieses Buch enthält Momente inspirierten Bewusstseins. Ideen, Gedanken und Erkenntnisse, die mich an verschiedenen Punkten meines Lebens durchströmten. In der Regel geschah dies, wenn ich mich am stärksten auf die Verbindung zu meinem Herzen einließ.

Beim Lesen sollten Sie sich bewusst machen, dass vielleicht nicht jede Idee in diesem Moment Ihres Lebens sofort auf Resonanz bei Ihnen stößt. Das ist in Ordnung. Nutzen Sie in einem solchen Fall Ihre Intuition, suchen Sie sich eine andere Seite aus und lesen Sie stattdessen diese. Wundern Sie sich jedoch nicht, wenn Sie an einem anderen Tag erneut auf die erste Idee stoßen und feststellen, dass sie in diesem Moment perfekt für Sie ist.

Wenn Sie sich auf dieses Buch einlassen, werden Sie bald einen Satz, einen Abschnitt oder vielleicht sogar eine ganze Geschichte lesen, die Sie an etwas Wichtiges erinnert. Etwas, das Sie in Ihrem Leben bereits erkannt hatten, was allerdings in Vergessenheit geraten war. Oder Sie lesen einen Absatz und stellen erfreut fest, dass Sie nicht der Einzige sind, der diesen Gedanken hat. Sie sind nicht alleine.

Während Sie sich von solchen Beziehungen inspirieren lassen, sollten Sie sich erlauben, die Verbindung zu Ihrem Herzen auf eine vielfältige Weise wieder zu fördern. Beobachten Sie Sonnenuntergänge. Sie finden jeden Tag statt und dennoch büßen sie nichts von ihrer Pracht und Herrlichkeit ein. Gehen Sie im Wald spazieren, denn der Aufenthalt unter den Bäumen berührt Ihre Seele auf eine Weise, wie das ein Spaziergang auf Asphalt nicht vermag.

Die Natur hat unsere Herzensverbindung im Laufe von Jahrmillionen vervollkommnet, und gerne vermittelt sie uns jeden einzelnen Tag zahllose Lehren. Sofern wir bereit sind zuzuhören.

Im Gegensatz zu meinen ersten beiden Büchern dieser Art enthält dieses ein paar Geschichten, die länger als nur ein bis zwei Seiten sind. Wie jeder andere Mensch entdecke auch ich stets viele neue Dinge, mit manchen Aspekten des Lebens ringe ich und angesichts anderer stelle ich Fragen. Aus verschiedenen Gründen waren dieses Mal für manche Erfahrungen und Erkenntnisse ein paar längere Erläuterungen erforderlich.

Ich wünsche Ihnen viel Freude mit den Gedanken und

Anregungen, die Sie auf diesen Seiten finden. Falls ein bestimmtes Problem Sie fordert, oder wenn Sie versuchen, gewisse Turbulenzen im Leben zu überwinden und einen Weg zur Ruhe zu finden, möchte ich Ihnen empfehlen, diese Technik auszuprobieren.

Schreiben Sie das Problem, das Sie beschäftigt, oder die Chance, über die Sie nachdenken, auf ein Blatt Papier. Darunter notieren Sie die folgenden Worte: »Mein Herz kennt die Antwort und teilt sie mir mit.« Behalten Sie diesen Zettel bei sich und verbringen Sie eine Woche lang täglich dreißig Minuten in der Natur.

Vielleicht setzen Sie sich in einen Park in der Nähe Ihres Zuhauses, schwimmen im Meer oder jäten einfach etwas Unkraut in Ihrem Garten. Beobachten Sie, was um Sie herum geschieht. Achten Sie aufmerksam auf Antworten. Sie werden feststellen, dass Ihr Herz Sie Ihnen gibt.

Ich wünsche Ihnen viel Freude dabei!

John

GEHEN SIE ZUERST
MIT DEM HUND
SPAZIEREN.

Es ist so einfach, morgens als Erstes unsere E-Mails abzurufen, um zu »checken«, was im Posteingang ist. Eigentlich wollen wir nur kurz nachsehen. Schließlich ist es danach an der Zeit, mit dem Hund Gassi zu gehen, uns ausgiebig zu dehnen, in Ruhe ein gesundes Frühstück zu uns zu nehmen.

Allerdings funktioniert es nicht so. Statt unsere Mails nur zu checken, beantworten wir die wichtigste. Aber dafür müssen wir ein bisschen recherchieren, und das dauert zehn Minuten. Während wir nach den richtigen Formulierungen für unsere Antwort suchen, was weitere zehn Minuten dauert, empfangen wir neue E-Mails. Eine davon ist natürlich genauso wichtig wie die erste, also widmen wir uns ihr.

Im Nu sind aus dem »E-Mail-Checken« zwei Stunden geworden. Mittlerweile ist es zu spät, um rauszugehen

und einen Spaziergang mit dem Hund zu machen. So viele andere Dinge stehen auf unserer To-do-Liste, die »dringend erledigt« werden müssen. Also lassen wir den Hund einfach wie üblich raus in den Garten. Der Traum, zu Tagesbeginn als Erstes einen entspannten, gesunden, schönen Morgenspaziergang zu unternehmen, bleibt wieder einmal nur ein Traum.

Die einzige Möglichkeit, aus diesem Teufelskreis auszubrechen, besteht darin, mit dem Hund rauszugehen und einen Spaziergang zu machen. Dieser Aktivität oberste Priorität einzuräumen und sie genauso ernst zu nehmen wie andere Tätigkeiten. Ja, sie sogar noch wichtiger zu nehmen. Sonst bleiben uns am Ende der Woche, des Monats und des Jahres nichts als gute Absichten und E-Mails, an die wir uns ohnehin nicht erinnern können.

Es gehört zu den beglückendsten Dingen im Leben, unsere Zeit mit etwas zu verbringen, woran wir glauben, was uns begeistert und auf das wir stolz sind.
Und es gehört zu den leidvollsten Erfahrungen, unser Leben mit Dingen zu verbringen, die uns nichts bedeuten, uns nicht überzeugen und uns keinen Spaß machen.
Manchmal beschäftigen wir uns so lange mit Projekten, denen wir nichts abgewinnen können, dass wir den Bezug zu dem, was uns begeistert, verlieren. Aber in einem einzigen Moment, durch eine einzige Aktion kann sich all das verändern.

Unsere Welt ist voller Konformitätsbotschaften. Wir sollen die gleiche Mode wie dieser oder jener Filmstar tragen. Wir werden dazu angehalten, ein bestimmtes Nahrungsmittel zu verzehren, weil irgendein berühmter Sportler es in der Werbung anpreist. Wir sollen ein bestimmtes Auto kaufen, weil andere »erfolgreiche« Leute damit fahren.
Doch am meisten erfüllt es mich, wenn ich mir erlaube zu tun, was *ich* will.

DENN WOFÜR LEBE ICH EIGENTLICH?
FÜR DIE ANDEREN LEUTE
ODER FÜR MICH SELBST?

GESTALTEN SIE IHR LEBEN SO, DASS ES VOLLER GESCHICHTEN IST. MENSCHEN MIT VIELEN GESCHICHTEN HABEN IN DER REGEL WENIG ZU BEREUEN.

Als ich fünf Jahre alt war, machte ich mit meiner Familie eine zehntägige Reise von unserer Heimatstadt Chicago in Illinois nach Florida. Es war mitten im Februar. In Chicago ist das Wetter im Februar schrecklich. Dieser Monat gehört zu einer fünfmonatigen Periode, in der der Himmel dunkelgrau und verhangen ist. Es ist bitterkalt.

Mit meinen beiden Schwestern hatte ich mit dem Spiel Schere, Stein, Papier ausgeknobelt, wer im Flugzeug am Fenster sitzen durfte. Es hatte eine große Bedeutung für uns, weil es unser allererster Flug war.

Ich hatte das Spiel gewonnen und saß nun auf meinem Platz. Während wir auf der Rollbahn standen und auf den Start warteten, sah ich zu den schweren Wolken hinauf. Alles war so neu und aufregend. Die Flugbegleiter prüften, ob wir angeschnallt waren. Außerdem brachten sie uns kleine Spielzeugflugzeuge und schenkten uns Pilotenabzeichen, die wir an unsere Hemden heften konnten. Für mich war es das Größte.

Kurze Zeit später rollten wir auf die Startbahn. Ich sah, wie der Schnee durch die Luft herunterrieselte. Als ich das Fenster mit der Hand berührte, fühlte es sich kalt an. Dann setzte das Flugzeug sich in Bewegung. Erst langsam, dann schossen wir auf der Startbahn nur so dahin. Die Gebäude rasten so schnell an uns vorbei, dass ich sie nicht mehr richtig erkennen konnte. Sie wirkten verschwommen.

Dann spürte ich einen Ruck, und als ich erneut aus dem Fenster blickte, sah ich, dass wir in der Luft waren. Unglaublich. Dass dieser riesige Metallcontainer fliegen

konnte! Draußen wurden die Wohnhäuser und größeren Gebäude mit jeder Sekunde kleiner. Und dann waren wir mit einem Mal mitten in den Wolken. Egal wie intensiv ich aus dem Fenster starrte, es war nichts als dichtes Grau zu erkennen. Diesen Anblick kannte ich gut. Während der Wintermonate sah ich nichts anderes, wenn ich auf dem Schulweg zum Himmel hinaufblickte.

Obwohl ich draußen nichts anderes erkennen konnte, spürte ich, dass das Flugzeug weiter in die Höhe stieg. Es war steil nach oben gerichtet, und die Triebwerke brummten laut.

Und dann geschah etwas Wundersames. Etwas, das mein Leben für immer veränderte.

Wir stiegen durch die Wolken nach oben, und zu meiner absoluten Verwunderung kam die Sonne zum Vorschein. Es war früh am Morgen, und die aufgehende Sonne stand tief am Himmel. Je höher wir flogen, desto deutlicher sah ich sie. Kurz darauf konnte ich schließlich von oben auf die Wolken hinabschauen und die weiße, flauschige Schicht erkennen, die von der leuchtend gelben Sonnenkugel angestrahlt wurde.

Ich betrachtete diese Szenerie minutenlang. Dann wandte ich mich meiner Mutter zu, die auf dem Platz

am Gang saß. »Schau mal, Mom! Schau, Mom! Da ist die Sonne! Da ist die Sonne!«
Meine Mutter warf einen kurzen Blick nach draußen und sagte lächelnd: »Ah, ja.«
Meine Schwester, die neben mir saß, malte mit ihren Buntstiften gerade ein Bild. Ich zog sie am Ärmel, um ihre Aufmerksamkeit zu bekommen. »Schau mal zur Sonne«, forderte ich sie auf. »Die Sonne ist da. Sie ist über den Wolken!« Doch sie wandte sich von mir ab und widmete sich wieder ihrem Bild.
Während des gesamten weiteren Flugs bewunderte ich die grandiose Aussicht vor dem Fenster. Dann geschah noch etwas Faszinierendes. Nach etwa eineinhalb Stunden begannen sich die Wolken unter uns zu lichten. Und kurz darauf war über uns nur noch blauer Himmel

und unter uns lag die Erde. All die dunklen grauen Wolken, die den Himmel zu Hause seit Monaten bedeckten, waren einfach verschwunden.

Nach einer weiteren Stunde landeten wir in Orlando, Florida. Die Sonne schien hell. Die Luft war warm. So warm, dass mir in meinen langen Hosen und meinem langärmeligen Hemd zu heiß war, obwohl ich meine Jacke ausgezogen hatte. Wie war das möglich? Wir waren bei Schneefall und wolkenverhangenem Himmel aufgebrochen. Und die Luft war so kalt gewesen, dass man den eigenen Atem sehen konnte. Aber hier war es wie im Sommer!

Die nächsten zehn Tage erzählte ich jedem Erwachsenen, dem ich begegnete, von der Sonne über den Wolken. Und davon, wie die Wolken sich aufgelöst hatten. Und dass in Florida Sommer war, obwohl zu Hause der Winter herrschte. Ich berichtete Kellnern und Kellnerinnen davon, den Hotelangestellten, den Erwachsenen, die am Pool saßen. Es schien niemanden zu überraschen.

Ich erinnere mich an diese Erfahrung, als wäre es gestern gewesen. Denn mit ihr gingen ein paar faszinierende Erkenntnisse einher, die ich damals als kleiner fünfjähriger Junge gewann.

Bis zu dem Moment, als wir durch die Wolkendecke stießen und ich die Sonne erblickte, hatte ich geglaubt, die Sonne wäre für fünf Monate verschwunden. Ich hatte gedacht, der graue Himmel und die tief hängenden, bedrückenden Wolken würden während der Wintermonate den gesamten Planeten bedecken. Und wahrscheinlich war ich mir nicht einmal sicher, ob die Sonne je wieder auftauchen und die dunklen Wolken verdrängen würde.

Zudem hatte ich geglaubt, überall auf dem Planeten wäre es zu dieser Zeit kalt. Weil es einfach nun mal so war. Es gefiel mir nicht. Ich wünschte mir, es wäre anders. Aber es gab keine Alternative. Es war eben so.

Nun also zu begreifen, dass meine Annahmen vollkommen falsch gewesen waren – dass die Sonne nicht verschwand und immer über den Wolken vorhanden war, selbst wenn man das Gefühl hatte, kein Sonnenlicht werde je wieder durchkommen und die Kälte und Trübsal würden ewig dauern –, all das baute mich unglaublich auf.

Zudem wurde mir klar, dass nicht der gesamte Planet fünf Monate lang kalt, dunkel und grau wurde. Es gab vielmehr einen Ort, an dem man leben konnte, wo es das ganze Jahr lang warm war und die Sonne fast jeden Tag schien! Das tröstete mich nicht nur, sondern es

weckte eine tiefe Sehnsucht in mir, den Wohnort zu wechseln. Jahrelang sagte ich immer wieder zu meinen Eltern: »Wir waren so gerne dort unten. Warum wohnen wir nicht *dort*?«

Die ganze Erfahrung hatte überdies in einem übergreifenden Sinn eine tiefe Wirkung auf mich. Obwohl ich damals nicht hätte erklären können, warum es so war.

Sogar in den dunkelsten Momenten unseres Lebens – wenn die schwarzen Wolken nur wenige Zentimeter über unserem Kopf zu hängen scheinen –, leuchtet die Sonne über ihnen trotzdem … Sobald wir uns das bewusst machen, tröstet es uns. Es schenkt uns Hoffnung und stärkt unseren Entschluss weiterzumachen, bis wir wieder an einem Ort sind, an dem die Sonne scheint.

Es gibt andere Möglichkeiten im Leben – wir können uns für ein neues Lebensumfeld entscheiden, für andere Beziehungen, die wir pflegen möchten, für andere Jobs, denen wir uns widmen, die uns glücklicher machen und erfüllen, in denen wir uns lebendiger und weniger eingeschränkt fühlen. Sobald wir uns das klarmachen, fühlen wir uns weniger stark kontrolliert. Wir sind in unserem Leben freier und enthusiastischer und haben auf diese Weise ein positives Ziel vor Augen.

Ich bin auf ewig dankbar für dieses Erlebnis im Flugzeug, obwohl ich viele Jahre gebraucht habe, um vollkommen zu verstehen, welche Bedeutung es für mich hatte.

DIE SONNE IST IMMER DA.

Anmerkung des Autors:
Sobald ich 17 Jahre alt war und auf eigenen Füßen stand, war eine meiner ersten Entscheidungen, nach Florida zu ziehen. Ich bin jeden Tag dankbar für diesen Entschluss, und ich wünsche mir immer wieder für die Menschen, dass sie ihr persönliches »Florida« finden mögen.

Wenn wir etwas reparieren wollen, sollten wir nie unterschätzen, wie effektiv es sein kann, dieses Ding aus- und dann wieder einzuschalten.
Bei technischen Geräten funktioniert das unglaublich gut. Obwohl es vermutlich keine plausible Erklärung dafür gibt, warum der Fehler auf diese Weise behoben wird.
Auch in unserem persönlichen Leben funktioniert diese Methode erstaunlich gut. Manchmal sollten wir einfach eine Nacht lang abschalten und am nächsten Tag neu beginnen.

Jahrelang drifteten meine Gedanken, sobald ich Zeit zum Nachdenken hatte, immer wieder zu früheren Begebenheiten in meinem Leben. Ich spielte in der Erinnerung Gespräche durch, die zehn, fünfzehn oder zwanzig Jahre zuvor stattgefunden hatten. Dabei handelte es sich stets um Gespräche, die nicht gut gelaufen waren.
Während ich in einer langen Schlange an der Kasse stand oder zur Arbeit ging, optimierte ich nachträglich meine Reaktionen. Verbesserte meine Antworten. Verteidigte felsenfest meine Position. Das einzige Problem war, dass diese Gespräche sich nie mehr wiederholen würden. Sie waren Vergangenheit. Was geschehen war, ließ sich nicht mehr ändern. Und egal wie oft ich

meine Argumentationsweise perfektionierte, es würde nie mehr zu diesen Diskussionen kommen.
Das heißt, ich verschwendete damit auf eine sinnlose Weise viele Momente meines Lebens.
Also ließ ich mir ein Mantra einfallen, um diese Angewohnheit abzulegen. Das Mantra beschrieb einen Zustand, den ich in meinem Leben gerne erreichen wollte. Wenn meine Gedanken erneut versuchten, mich in die alten Gespräche zu verstricken, wiederholte ich mein Mantra. Stets in der Gegenwartsform. So als würde das, was ich mir für mein Leben wünschte, bereits existieren. Manchmal dachte ich über alte Gespräche nach und ertappte mich erst nach zehn Minuten dabei. In anderen Momenten wurde es mir schneller bewusst. Sobald

es mir auffiel, schaltete ich sanft auf mein Mantra um. Es dauerte einige Monate, bis ich schließlich einen Punkt erreicht hatte, an dem ich nicht mehr auf mein Mantra umschalten musste, wenn ich beim Nachdenken Zeit für mich hatte, sondern gleich mit meinem Mantra begann.

Es ist ein wunderbares Instrument, um das Leben zu verwirklichen, das ich mir wünsche. Überdies ist es ein viel konstruktiverer Umgang mit meiner persönlichen Zeit sowie eine hervorragende Art und Weise, die Vergangenheit loszulassen.

DER ERFOLG IM LEBEN BASIERT
NICHT DARAUF, AN JEDEM SCHEIDEWEG
DIE RICHTIGE ENTSCHEIDUNG ZU TREFFEN.
ER BASIERT VIELMEHR DARAUF, AN EIN
PAAR WICHTIGEN WEGGABELUNGEN
DIE RICHTIGEN ENTSCHEIDUNGEN
ZU TREFFEN.

Wir Menschen sind überaus interessante Geschöpfe. Wenn wir nicht aufpassen, lassen wir uns von unseren einfachen Impulsen leiten, anstatt von unseren höheren Zielen.
Zum Teil liegt dies daran, dass unser Geist gerne das Gefühl hat, etwas geschafft zu haben. Sind Sie je mit einer Erledigungsliste in den Tag gestartet, um dann nach einem halben Tag festzustellen, dass Sie sich in Wirklichkeit mit etwas beschäftigt haben, was nicht auf der Liste stand? Und haben Sie diese Tätigkeit dann nachträglich auf die Liste geschrieben, nur um diesen Eintrag sofort durchstreichen zu können?
Dazu veranlasst uns unser Geist, da er sich gut fühlen will. Er kann uns dazu verleiten, uns auf das zu konzentrieren, was wir am leichtesten erledigen können, anstatt uns den Dingen zu widmen, die eine große Bedeutung für uns haben.
Uns dessen bewusst zu sein, ist bei unseren großen Abenteuern sehr hilfreich, um am gesamten Prozess Spaß zu haben und uns nicht nur auf das Ziel zu fixieren. In der Gesamtschau ist das Erreichen unseres Ziels eine vorübergehende Angelegenheit. Es schenkt unserem Geist kein dauerhaftes Gefühl, etwas vollbracht zu haben.

Wenn wir jedoch jeden Schritt auf unserem Weg als großen Erfolg feiern und ihn als Eintrag auf unserer Erledigungsliste betrachten, den wir freudig abhaken können, beschert die gesamte Erfahrung unserem Geist eine tiefe Befriedigung. Und diese große Befriedigung lässt uns bei unserem ersten großen Abenteuer durchhalten und inspiriert uns letztlich dazu, uns danach auf weitere Abenteuer einzulassen.

Was würde ich anders machen, wenn

- ich mir keine Gedanken über Geld machen müsste
- ich keine Angst hätte
- ich stets davon überzeugt wäre, dass letztlich alles gut funktionieren wird

WAS DAVON KANN ICH BEREITS JETZT UMSETZEN, SOLANGE ICH AN DEN RESTLICHEN DINGEN ARBEITE?

Heute bin ich mit ein paar Freunden auf einen Vulkan gewandert. Für uns alle war es ein neues Ziel. Ein unbekanntes. Voller Unwägbarkeiten. Auf unserer Route gab es viele verschiedene Abzweigungen, sodass wir manchmal stehen bleiben mussten, um zu überlegen, wo es langging.
Zuweilen war der Pfad sehr steil. An anderen Stellen mussten wir uns Zeit nehmen, um über riesige Wurzeln zu klettern. In einem Abschnitt waren wuchtige Felsen zu überwinden.
Während des gesamten Aufstiegs bewegten wir uns mit einer gewissen Unsicherheit vorwärts und setzten vorsichtig einen Fuß vor den anderen. Als wir den Gipfel erreichten, war die Aussicht überwältigend. Zwölf Vulkane ragten am Horizont auf. Einige waren aktiv, aus ihnen stieg Rauch empor. In weiter Ferne schimmerte das Meer im Sonnenlicht.

Wir bewunderten die Aussicht, genossen die Schönheit und freuten uns darüber, dass wir beschlossen hatten, den Vulkan zu besteigen.

Wir stiegen auf demselben Pfad ab, den wir auch für den Aufstieg genommen hatten. Allerdings war er uns jetzt nicht mehr fremd. Wir erkannten den Abschnitt mit den Felsbrocken wieder und erinnerten uns daran, wo wir hintreten mussten. Die riesigen Wurzeln ließen sich nun ebenfalls leichter überwinden, weil wir wussten, wie weit sie reichten. Die Weggabelungen lockten uns nicht mehr wie beim Aufstieg in andere Richtungen, weil wir uns an unseren Pfad erinnerten.

Beim Abstieg herrschte daher eine gelöste Atmosphäre. Wir scherzten ausgelassen miteinander und lachten viel. Wir hatten uns mit dem Unbekannten vertraut gemacht, und mit dieser Vertrautheit ging eine

Lockerheit einher, die zu Beginn unserer Wanderung gefehlt hatte.
Diese Erfahrung hinterließ einen bleibenden Eindruck bei mir. So häufig zögern wir angesichts von etwas Unbekanntem und wünschen uns, es sei uns vertrauter. Oder – was noch schlimmer ist – wir nehmen etwas aufgrund der Ungewissheit gar nicht in Angriff. Doch:

NUR WENN WIR UNS AUF DAS UNBEKANNTE EINLASSEN, HABEN WIR DIE MÖGLICHKEIT, UNS DAMIT VERTRAUT ZU MACHEN.

Nicht alle Menschen sind freundlich. Und auch nicht alle sind ehrlich. Die Tatsache, dass nicht jeder nett ist, wird uns ziemlich früh im Leben bewusst. In der Schule dauert es zum Beispiel nicht allzu lange, bis wir erkennen, dass manche Klassenkameraden ziemlich gemein sein können, einfach, weil sie gemein sein wollen.
Was die Ehrlichkeit betrifft, so läuft vieles häufig subtiler ab. Wenn man dazu erzogen wurde, ehrlich und fair zu sein, erwartet man in gewisser Weise, dass die meisten Menschen sich genauso verhalten. Und wahrscheinlich ist es im Großen und Ganzen auch der Fall. Allerdings gibt es einen bestimmten Prozentsatz der Bevölkerung, der ein völlig anderes Verständnis von Ehrlichkeit hat. Solche Leute nutzen das System bei jeder Gelegenheit zu ihrem eigenen Zweck aus.
Das kann ziemlich deprimierend sein. Und daher wollen

wir in der Regel nicht darüber nachdenken. Was in gewisser Hinsicht auch gut ist. Schließlich ist es weder gesund noch ein Weg zum Glück, sich ständig Gedanken und Sorgen darüber zu machen.
Aber es ist ebenfalls nicht gesund, so zu tun, als gäbe es solche Menschen nicht. Wir sollten uns bewusst machen, dass dies Teil der Realität ist. So sind wir in der Lage, am Spiel des Lebens mit einem genaueren Verständnis davon teilzunehmen, womit wir es zu tun haben. Diese Einsicht verleiht uns auch mehr Klarheit, mit welchen Schwierigkeiten wir uns möglicherweise auseinandersetzen müssen.
Das bedeutet nicht, dass wir weniger ehrlich sein sollten. Aber wir sollten die Welt so betrachten, wie sie ist, und nicht so, wie wir sie gerne hätten.

Mit dem Älterwerden beginne ich, manche Sprichwörter zu verstehen, die für mich früher keinen Sinn ergaben. Zum Beispiel: »Die Jugend wird an die jungen Leute verschwendet.«
Obwohl das nicht ganz richtig ist, verstehe ich, wie es zu diesem Sprichwort kam. Erst mit den verstreichenden Jahren gewinnt man genug praktische Erfahrungen, um sich darüber bewusst zu werden, wie sich das Leben mit dem Älterwerden verändert.
Zwar kann ich mich jetzt leicht darüber beklagen, dass ich manche Dinge im Alter zwischen zwanzig und dreißig nicht gemacht habe, aber wenn ich nicht aufpasse, kommt vielleicht irgendwann der Tag, an dem ich mit über siebzig darüber jammere, viele Dinge zwischen vierzig und fünfzig nicht getan zu haben.

Vor etwa zehn Wochen habe ich einen Papayasamen gepflanzt. Genau genommen habe ich Dutzende von ihnen ausgesät. Ich hatte schon sehr lange nichts mehr angepflanzt. Wahrscheinlich war ich beim letzten Mal noch ein kleiner Junge. Damals hatten wir im Rahmen eines Schulprojekts Bohnensamen ausgesät.

Nun, zehn Wochen später, glaube ich, dass unser Leben entschieden besser wäre, wenn wir viel regelmäßiger die Erfahrung machen würden, etwas auszusäen.

Es ist etwas wahrlich Magisches. Ja, sogar etwas Ehrfurchtgebietendes. Man setzt etwas, das sich wie ein kleines Steinchen oder eine verschrumpelte, vertrocknete Rosine anfühlt, in etwas Pflanzerde, gibt Wasser dazu und dann wartet man ab.

Ohne weitere Hilfe – abgesehen von etwas Wasser zwischendurch – entwickelt sich dieser kleine Samen in nur ein paar Wochen zu einer kleinen Pflanze. Vier Wochen später ist daraus ein kleines Bäumchen geworden. Wie schafft die Pflanze das? Sie hat keine Gebrauchsanleitung. Keine YouTube-Videos. Keine Eltern, Lehrer oder Vorgesetzte, die ihr sagen, was zu tun ist. Sie weiß es einfach.

Die gesamte Information, die sie benötigt, um aufzukeimen, die Nährstoffe zu finden, die sie zum Überleben braucht, sowie um sich von einem vier Millimeter kleinen Samen zu einem fünf Meter großen Baum zu entwickeln, der später Samen für die eigene Fortpflanzung bildet – ist bereits in ihr vorhanden. In diesem kleinen steinchenähnlichen, winzigen Etwas.

Das ist ein Wunder. Ein unvorstellbar großes Wunder.

In Momenten des Selbstzweifels werde ich einen Samen pflanzen. Damit möchte ich mich daran erinnern, dass auch in mir ein weitaus größeres Potenzial schlummert, als mir bewusst ist. Im richtigen Umfeld sowie mit den richtigen Nährstoffen wird dieses Potenzial freigesetzt.

STELLEN SIE SICH VOR,
WIR ALLE WÜRDEN DIE
MENSCHEN, DIE WIR
LIEBEN, MIT DER GLEICHEN
SCHWANZWEDELNDEN
BEGEISTERUNG BEGRÜẞEN
WIE EIN HUND SEINEN
BESITZER.

Ich wohne an einem kleinen See, und in meinem Garten befindet sich ein Steg. Regelmäßig landeten Vögel dort und hinterließen ihren Vogeldreck darauf. Es war eine ziemliche Sauerei. Also setzte ich einen Plastikalligator auf den Steg, um die Vögel fernzuhalten.
Zwei Wochen lang funktionierte das sehr gut. Kein Vogel ließ sich mehr auf dem Steg nieder. Doch schließlich wagte es einer. Er flog etwa fünf Meter von dem Alligator entfernt hinab und trippelte eine Weile herum. Das machte er ein paar Tage hintereinander.
Als er merkte, dass der Alligator sich nicht bewegte, um ihn zu fangen, wurde er immer wagemutiger. Schon bald spazierte er auf meinem Steg herum, als gehörte er ihm.
Einerseits wünsche ich mir wirklich, dieser Vogel hätte sich woanders niedergelassen, denn sein Mut inspirierte all die anderen Vögel dazu, sich erneut zu ihm zu gesellen. Mittlerweile ist mein Steg wieder voller Vogeldreck.

Aber andererseits freue ich mich über seine Anwesenheit, weil ich ihn bewundere. Er hat ein mutiges Wesen und ist genug von sich selbst überzeugt, um ein kalkulierbares Risiko einzugehen und sich auf unbekanntes Terrain vorzuwagen. Er ist einer, der die Sicherheit gegen das Abenteuer eintauscht und bei diesem Prozess andere dazu inspiriert, dasselbe zu tun. Er verkörpert zum Teil das, was ich täglich anstrebe.

Wir sind winzige Körnchen auf einer riesigen Felskugel, die in einem endlosen Meer aus Sternen, Monden und Planeten treibt. Wie ein perfekt aufeinander eingespieltes Orchester spielen sie alle ihre Rolle inmitten eines unermesslich großen Bereichs aus leerem Raum.

WORUM GING ES
NOCH MAL IN DER E-MAIL,
DIE MIR SO VIEL KOPFZERBRECHEN
BEREITET HAT?

Heute bin ich auf einen Baum geklettert. Es ist lange her, seit ich das zuletzt getan habe. Wahrscheinlich fünfunddreißig Jahre. Ich weiß nicht, was mich heute dazu inspiriert hat. Ich ging im Wald spazieren und plötzlich erinnerte ich mich daran, wie viel Spaß es mir als Kind gemacht hat, auf Bäume zu klettern.
Also suchte ich mir einen Baum aus und begann hinaufzuklettern. Es machte mir nach wie vor Spaß.
Ich spürte, wie meine Muskeln arbeiteten, während ich mich von Ast zu Ast nach oben zog. Ich merkte, wie mein Gehirn arbeitete, als ich überlegte, wo ich hinsteigen und welche Äste ich lieber meiden sollte. Ich fühlte mich stark, jung und lebendig. Der Ausblick von oben war fantastisch. Er bot eine gänzlich andere Perspektive als vom Boden aus.
Wahrscheinlich bin ich als Kind aus all diesen Gründen auf Bäume geklettert. Ich weiß allerdings nicht, warum ich damit aufgehört habe. Offensichtlich gab es an irgendeinem Punkt »wichtigere« Dinge zu tun.

Was jedoch durchaus seltsam ist. Denn in meiner jetzigen Lebensphase ist ein Tag, an dem ich etwas tue, was mir Spaß macht, eine neue und bessere Perspektive beschert und auch noch das Gefühl verleiht, stark, jung und lebendig zu sein – ein wirklich erfolgreicher Tag.

WENN ICH ANDERE FRAGEN STELLE, BEKOMME ICH ANDERE ANTWORTEN. WENN ICH ANDERE DINGE TUE, MACHE ICH ANDERE ERFAHRUNGEN.

WENN ICH ANDERE
ENTSCHEIDUNGEN
TREFFE, FÜHRE ICH EIN
ANDERES LEBEN.

Manchmal vermitteln Kinder uns die tiefgründigsten Lebenslehren. Meine Tochter hat ein paar Spielzeugfiguren, die sie unheimlich liebt. Es handelt sich um eine Reihe von kleinen Plastiktieren. Sie haben alle möglichen Formen und Farben und große Augen. Meine Tochter und ihre Freunde spielen gerne gemeinsam mit diesen Figuren.
Eines Tages beschloss meine Tochter, von einem Teil ihres Taschengeldes zwei weitere dieser kleinen Spielzeugtiere zu kaufen. Die Figuren, die sie haben wollte, wurden nicht mehr hergestellt, aber sie wurden online angeboten.
Wir verbrachten Stunden damit, im Internet nach genau diesen Figuren zu suchen. Es sollte nicht »irgendein Spielzeug« sein. Meine Tochter hatte etwas ganz Spezielles im Sinn.
Nachdem wir die Suche erfolgreich beendet hatten und sie genau die Artikel ausgewählt hatte, die sie haben wollte, gaben wir gemeinsam die Bestellung auf. Als der Vorgang abgeschlossen war, hieß es, die Lieferung werde zwei Wochen dauern.
In den nächsten vierzehn Tagen ging meine Tochter täglich zu ihrem Kalender, markierte den jeweiligen Tag mit einem Kreuz und zählte, wie viele Tage noch übrig

waren, bis die kleinen Plastiktiere ankommen würden. Jeden Tag hörte ich mehrfach von ihr, wie sehr sie sich nach dem Sechzehnten des Monats sehnte. Dem Tag, an dem ihre Sendung zugestellt werden sollte.
Zwei Wochen lang bereiteten ihr diese kleinen Figuren eine unheimliche Freude, obwohl sie noch nicht einmal angekommen waren. Sie stellte sich im Geist bereits all die Möglichkeiten vor, wie sie mit ihnen spielen würde und welche neuen Spiele sie und ihre Freunde erfinden würden …

Als Erwachsene neigen wir eher dazu, unmittelbar bevorstehende Aufgaben zu erledigen. Manchmal tun wir es, weil es nötig ist. Doch meistens machen wir es aus Gewohnheit. Wir vergessen, dass sehr viel Freude im Leben durch die Vorfreude auf etwas Kommendes hervorgerufen wird.
Wie wäre es, wenn wir auch als Erwachsene alle drei Monate etwas in unseren Kalender eintragen würden, das uns eine besondere Freude bereitet? Nicht nur irgendeine Unternehmung oder etwas, das wir mehr oder weniger zufällig beim Einkaufen entdecken, sondern etwas wirklich Besonderes? Und wie wäre es, wenn wir uns die Zeit nehmen würden, uns genau zu überlegen, wie dieses besondere Geschenk für uns selbst aussehen soll und wenn wir uns schon im Vorhinein jeden Tag darauf freuen würden? Wenn wir mit gespannter Erwartung darauf hinfiebern würden so wie meine Tochter, als sie sich auf die Ankunft ihrer Spielzeugtiere freute.
Vielleicht wäre das ein Weg, wie wir die scheinbar einfachen Freuden der Kindheit auch als Erwachsene erleben könnten.

Finden Sie etwas, das Ihr Herz erfüllt und Sie zum Lächeln bringt, und widmen Sie sich dieser Sache. Und wenn sie eines Tages Ihr Herz nicht mehr erfüllt und Sie nicht mehr zum Lächeln bringt, dann sollten Sie sich etwas Neues suchen.

Wenn ich jungen Leuten einen einzigen Rat zum Thema Partnerschaft geben sollte, würde ich ihnen empfehlen, sich jemanden zu suchen, der sympathisch ist und sie zum Lachen bringt.
Das ist kein besonders glamouröser Ratschlag, und er entspricht bei Weitem nicht dem Tenor der Werbung. Allerdings basiert diese nicht auf der Realität. Die Reklame präsentiert unerreichbare Bilder und tut so, als entsprächen diese der Norm.
Die meisten Menschen auf der Welt machen sich jedoch nicht bewusst, wie künstlich diese Bilder tatsächlich sind. Fotos werden technisch optimiert, sodass die Gliedmaßen länger, der Hals dünner, das Haar voller, die Taille dünner, die Augen strahlender wirken …
Bei der Nachbearbeitung werden Videos auf verschiedene Weise verändert, um Schatten länger, Straßenbeleuchtungen schummriger und Sonnenuntergänge leuchtender erscheinen zu lassen.
Selbst am Set ist die Wirklichkeit keineswegs real. Ich war einmal in einem Hotel zu Gast, in dem ein Fotoshooting stattfand. Ein Mann richtete dabei einen Laubbläser auf das Gesicht eines Models, damit dessen Haare wie gewünscht nach hinten geweht wurden. Auf dem Foto sieht es dann so aus, als überquere eine gut

gekleidete, strahlende Frau gerade einen Innenhof, während eine sanfte Brise ihr zart über das Gesicht streicht.

Wenn eine Frau allerdings so wie auf dem Foto aussehen wollte, müsste sie das Kleid, die Schuhe, die Ohrringe, den Armreif, das Make-up sowie … einen Laubbläser kaufen. Zudem müsste sie jemanden engagieren, der den ganzen Tag Luft in ihr Gesicht blasen würde.

Falls jemand also von seiner Freundin oder seiner Frau erwartet, diesem Look zu entsprechen, sollte er sich klarmachen, dass der Typ mit dem Laubbläser zur Gleichung dazugehört. Wie wunderbar romantisch wäre das denn?

Wenn in unserer Beziehung der Großteil unserer Bemühungen darin besteht, dem nachzueifern, was wir in der Werbung sehen, kämpfen wir daher auf verlorenem Posten.

Das sollten wir uns bewusst machen. Denn sobald wir nicht mehr nach solchen Dingen streben, können wir uns dem widmen, was wirklich wichtig ist. Wie fühlen

Sie sich in der Gegenwart eines bestimmten Menschen? Macht es Ihnen Spaß, mit ihm zusammen zu sein? Lächeln Sie viel und lachen Sie häufig? Ist der andere angenehm im Umgang? Sind Sie und andere Menschen ihm wichtig? Gibt er Ihnen das Gefühl, etwas Besonderes zu sein? Ist er vom Wesen und von seinem Verhalten her authentisch?
Es macht Spaß, sich in Schale zu werfen, wenn man abends in der Stadt ausgeht. Und es ist wunderbar, wenn auch dem Partner das gut gelingt. Doch diese Gelegenheiten machen nur einen winzigen Teil unseres gesamten Lebens aus.
Falls Ihr Partner den Alltag gut geregelt bekommt und zwar so, dass das Leben dabei Spaß und Freude macht, dann haben Sie tatsächlich einen besonderen Menschen gefunden.

Es ist unglaublich nützlich, ein paar Sätze parat zu haben, die mich daran erinnern, was wichtig ist, wenn ich mich ratlos fühle.

- Wut ist eine Manifestation von Angst.
- Ich kann zuversichtlich sein oder voller Angst leben, aber beides auf einmal geht nicht.
- Wenn eine höhere Kraft all die Wunder des Universums erschaffen kann, dann liegt es gewiss in ihrer Macht, das Leben entstehen zu lassen, von dem ich träume.

So wie die Sterne den alten Seefahrern den Weg wiesen, so helfen mir diese Weisheiten, wieder den richtigen Kurs anzusteuern, wenn die Stürme des Lebens mich aus der Bahn geworfen haben.

Obwohl ich mich bemühe, es nicht dazu kommen zu lassen, gibt es Zeiten, in denen ich zynisch bin. Wenn ich zum Beispiel eine weitere Geschichte über einen Politiker höre, der die Bedürfnisse der Menschen ignoriert, für die er eigentlich da sein sollte, und der sich stattdessen bestechen lässt. Oder wenn ich einen Bericht über den riesigen, ständig wachsenden Plastikmüll lese, der als Inseln auf dem Ozean treibt, den meisten Leuten jedoch egal zu sein scheint. Es ist deprimierend, und ich schüttele irritiert den Kopf darüber, dass der Mensch so mit seinen Mitmenschen und dem Planeten umgeht.

Doch dann entdecke ich in meinem Umfeld, in völlig unerwarteten Situationen kleine Dinge, die mein Herz mit Freude erfüllen. Und zwar auf eine überraschende Weise.

Heute geschah so etwas in einer kleinen Stadt, in der ich zufällig unterwegs war. An dem Tag fand dort die Weihnachtsparade statt. Familien säumten die Straßen, um die Umzugswagen vorbeiziehen zu sehen, die Blaskapellen zu hören und ihren Freunden und Familien zuzujubeln, die an der Parade teilnahmen.

Eineinhalb Stunden lang beobachtete ich, wie kleine Kinder herumsausten und vor Freude kreischten, wäh-

WE WANT FREEDOM
PEACE

rend sie versuchten, Süßigkeiten zu fangen, die von den Mitwirkenden sachte in die Menge geworfen wurden. Ich sah Eltern und Großeltern, die voller Stolz strahlten und ihre Söhne und Töchter filmten, die in ihren Uniformen und Kostümen vorbeidefilierten.

Momente wie diese schenken mir neue Hoffnung, da sie tatsächlich die Normalität repräsentieren. Dabei ist es egal, ob es sich um eine Parade handelt oder um ein Fußballspiel von Kindern, die Probe einer Tanzaufführung oder ein Familienpicknick.

Solche Veranstaltungen bekommen weder Publicity noch Schlagzeilen und es wird nicht in großen Reportagen darüber berichtet. Dennoch zeigen eben diese Dinge das Positive, das sich an jedem einzelnen Tag, an Millionen von Orten auf der ganzen Welt zuträgt.

Wir leben in einer Welt, die vollkommen auf Schönheit fixiert ist. Bei einer einzigen Suche in Google zum Thema Faltenreduzierung erhält man als Ergebnis zweihundert verschiedene Produkte zur Auswahl. Offensichtlich ist vielen daran gelegen, den Eindruck zu erwecken, als würden wir nicht altern.

Heute habe ich eine sehr alte Frau gesehen, die sich um ihre Enkel kümmerte. An der Art und Weise, wie sie mit ihnen umging, konnte man erkennen, dass sie ihre Enkelkinder sehr liebte und dass auch diese ihre Großmutter sehr lieb hatten.

Wenn sie lächelte, betonte das ihre vielen Falten, und ich konnte nicht umhin zu denken, wie perfekt jede einzelne davon war.

Sie hatte sich ihre Falten zweifellos verdient. Und bestimmt verbarg sich hinter jeder von ihnen eine Geschichte.

Und genau das verlieh ihr eine besondere Schönheit.

Wir sollten diejenigen ignorieren, die ihre Tage damit verbringen, andere zu kritisieren und deren Engagement und Mühe lächerlich zu machen. Die ihre toxischen Kommentare online posten. Anonym und endlos ihre Meinungen kundtun.
Solche Leute sind Feiglinge. Sie sitzen am Spielfeldrand und bewerten diejenigen, die am Wettbewerb teilnehmen. Voller Überzeugung sticheln sie gegen andere, obwohl sie in Wirklichkeit keine Ahnung haben. Weil sie selbst nie auch nur versucht haben, was sie so eifrig bewerten. Sie tun nichts. Sie verschieben keine Barrieren und streben keine großen Taten an.
Ihr »Beitrag« trägt nichts Konstruktives bei.
Obwohl die Teilnehmer nicht immer eine persönliche Bestleistung erbringen, sie nicht jedes Match gewinnen oder bei all ihren Versuchen Erfolg haben, stehen sie zumindest im Wettbewerb. Sie begegnen einem Scheitern mit Mut. Sie streben trotz unzähliger Widerstände nach etwas Großem. Sie stellen sich der Herausforderung.
Aus all diesen Gründen haben die Teilnehmer es daher verdient, dass ihr Einsatz honoriert wird!

WE WAN
PEACE

Wenn wir uns bewusst machen, was für uns eine Herzenssache ist, und dann daran glauben, dass diese Träume Realität werden können, ist es, als würden wir uns von einer riesigen Hülle befreien, die unser Leben bedeckt.
Plötzlich erblickt jemand, der gerne Abenteuer erleben möchte, ein Schild mit der Aufschrift »Mit Delfinen schwimmen«. Der Feinschmecker entdeckt ein Verkostungsevent in einem kleinen, versteckten Restaurant. Die angehende Autorin hört von einem bevorstehenden Schreibworkshop.
Natürlich gab es all diese Angebote bereits vorher. Aber erst, wenn wir uns unsere Träume klarmachen und daran glauben, dass sie möglich sind, wird unsere Wahrnehmung genug geschärft, um diese Chancen tatsächlich zu erkennen.

Heute nahm ich an einer Führung in einer Zigarrenfabrik teil. Ich bin zwar Nichtraucher, bereise aber gerade Mittelamerika, und in dieser Region sind Zigarrenfabriken die Hauptarbeitgeber für die Bevölkerung.

Ich wollte gerne wissen, wie es ist, in einer solchen Fabrik zu arbeiten, und nahm an, dass ich durch eine Besichtigung einen gewissen Einblick bekommen würde. Nun, das war definitiv der Fall.

Zunächst muss ich vorausschicken, dass der Begriff »Fabrik« eine sehr positive Bezeichnung ist, denn sie bestand lediglich aus vier kleinen Räumen ohne Tageslicht.

In einem der Räume glätteten vier Personen getrocknete Tabakblätter. Stunde um Stunde, Tag für Tag, Blatt für Blatt. In einem anderen Raum arbeiteten 24 Leute jeweils zu zweit daran, Zigarren zu fertigen. Eine Person presste Stücke von Tabakblättern in die Form einer Zigarre, und ihr Arbeitspartner umwickelte die Rohlinge mit den geglätteten Tabakblättern aus dem ersten Raum und gestaltete das Äußere der Zigarre.

Der Raum hatte niedrige Decken, keine Fenster und war stark verqualmt, da die Beschäftigten in diesem Unternehmen während der Arbeit rauchen durften. Die Hälfte der Beschäftigten waren Frauen. Die meisten waren noch sehr jung. Ich fragte mich unweigerlich, wie sich all der Rauch auf ihre Gesundheit auswirken würde, insbesondere falls sie sich entschlossen, Kinder zu bekommen.

In einem anderen Raum bedienten drei Leute eine Maschine, um die fertigen Zigarren einzeln in Zellophan zu verpacken. Ihre Arbeitsumgebung war ebenfalls nicht angenehm, es gab wenig Platz und nur ein paar kleine Lampen. Aber im Vergleich zu dem Raum, in dem die Zigarren hergestellt wurden, war es hier paradiesisch.

Der vierte Raum war das Büro des Managers. Darin befanden sich ein Computer und ein Tisch, zudem war er rauchfrei. Es war das angenehmste Zimmer.

Als die Führung zu Ende war, gingen mir viele Gedanken durch den Kopf. Ich war tief berührt. Diese Leute arbeiteten so hart unter solch schwierigen Bedingungen. Um gerade mal den Lebensunterhalt für ihre Familien zu verdienen. Ihre Arbeitsplätze galten als »gute Jobs«, doch sie wurden nur mit fünf Dollar pro Tag entlohnt. Darüber hinaus mussten die langfristigen

gesundheitlichen Konsequenzen der Arbeit dort gravierend sein.
Ich war dankbar für die Chancen, die ich in meinem eigenen Land gehabt hatte. Die meisten davon hatte ich mir nicht wirklich verdient.
Zudem fiel mir auf, welch unterschiedliche Realitäten es selbst in einem so kleinen Mikrokosmos wie dieser Zigarrenfabrik gab. Die Realität des Managers war eine ganz andere als die der Zigarrenroller. Und diese unterschied sich wiederum von den Realitäten der Leute, die die Tabakblätter glätteten, sowie der Beschäftigten, die die Zigarren verpackten.
In meinem Leben gab es früher oft Zeiten, in denen ich die niedrigste Position innehatte und mich im schlechtesten Umfeld befand. Damals kam ich nicht auf die Idee, die besseren Positionen zu betrachten und mich zu fragen: »Wie kann ich selbst eine solche erreichen?«
Es ist schwer zu glauben, aber ich hatte kein Bewusstsein dafür. Ich weiß nicht, ob es an mangelndem Selbstvertrauen lag, an einer fehlenden Weltgewandtheit oder an etwas anderem. In vielen Fällen konnte ich diese Jobs hinter mir lassen und mich weiterentwickeln – meistens weil ich Glück hatte.
Ich wünsche den Beschäftigten in dieser Fabrik, dass sie

ein Bewusstsein entwickeln, das mir früher fehlte. Dass sie die besseren Positionen betrachten und eine Möglichkeit entdecken, um dorthin zu gelangen. Zudem könnten sie Chancen außerhalb der Fabrik erkennen und hoffentlich einen Weg finden, um diese auch zu ergreifen.

Ich weiß nicht, warum mir die Chancen in meinem Leben zuteilgeworden sind. Ich schätze mich sehr glücklich und gleichzeitig ist mir bewusst, dass ich dieses Glück nicht verdient habe. Wenn ich in jenem Land, in jener Region geboren wäre, würde ich wahrscheinlich in einem dieser Jobs arbeiten.

Es ist in Ordnung, wenn sich das Leben, das Sie sich wünschen, von dem unterscheidet, was andere wollen. Es ist in Ordnung, wenn Ihre Familie, Kollegen, Freunde … Ihre Träume nicht verstehen.
Es ist in Ordnung, wenn manche Leute Sie zuweilen für etwas verrückt halten, weil Ihre Träume sich offensichtlich so stark von denen anderer Menschen unterscheiden.
Der Einzige, für den all das stimmig sein sollte, sind Sie selbst. Denn ganz zum Schluss – wenn Sie das Leben, das Sie gelebt haben, mit dem Leben vergleichen, das Sie führen wollten – wird letztlich nur Ihre eigene Meinung zählen.

In verschiedenen Phasen meines Lebens hatte ich Schlafprobleme. Stresssituationen, die ich tagsüber erlebt hatte oder die ich am nächsten Tag erwartete, kreisten in einer Endlosschleife durch meinen Kopf.
Dann lernte ich zu visualisieren, wie ich Tennis spielte. Ich stellte mir ein Match möglichst intensiv vor, sodass ich mich buchstäblich in eine andere Realität hineinversetzte. Irgendwie gelang es mir dadurch, schließlich einzuschlafen.
Im Laufe des letzten Jahres habe ich eine weit effektivere Technik erlernt. Wenn ich das Licht ausschalte und meinen Kopf auf das Kissen lege, spreche ich mir in Gedanken ein Ziel vor, das mir wichtig ist. Ich formuliere es so, als wäre es bereits Realität, und wiederhole es dann fünf Mal jeweils genau auf dieselbe Weise.
Zum Beispiel sage ich: »Mein Leben ist voller Liebe, Empathie und Freude.«
Danach gehe ich zu einem zweiten Ziel über. Ich sage es mir ebenfalls fünf Mal im Stillen vor. Dann kommt ein weiteres Ziel an die Reihe und danach noch eins, bis ich fünf Ziele jeweils fünf Mal aufgesagt habe. Dabei verwende ich wie gesagt stets Formulierungen, die so klingen, als wäre das entsprechende Ziel bereits Realität. Wenn mein Geist zu irgendeinem Zeitpunkt während

dieses Prozesses auf einen Gedanken umschaltet, der mich ablenkt, führe ich ihn einfach wieder zu meinem Ziel zurück.

Diese Methode hat sich als unglaublich wirksam erwiesen. Meistens schaffe ich es nicht, alle 25 Sätze durchzugehen, bevor ich tief und fest eingeschlafen bin. In den seltenen Fällen, in denen ich am Ende immer noch wach bin, fange ich noch einmal von vorne an. Bevor der zweite Durchgang abgeschlossen ist, schlafe ich.

Mittlerweile starte ich morgens mit derselben Methode in den Tag. Dieses Training ist mir zur Gewohnheit geworden. Wenn ich nicht mehr richtig schlafe, aber noch nicht vollkommen wach bin, beginne ich, mein Mantra mit den fünf Zielen aufzusagen. Jedes Ziel wiederhole ich jeweils fünf Mal. Manchmal schlafe ich dadurch noch einmal für fünf Minuten ein. Doch meistens bringt es mein Bewusstsein sanft in einen vollkommen wachen Zustand.

Dieser ganze Prozess ist ein fantastischer Gewinn. Abends gelingt es mir dadurch, in einen tiefen, entspannten Schlaf zu fallen. Und morgens habe ich auf diese Weise einen harmonischen und ruhigen Start in den Tag. Was dem Ganzen aber die Krone aufsetzt: Diese Methode wirkt wahre Wunder bei der Verwirklichung meiner Ziele.

Seitdem ich diese Technik anwende, eröffnen sich mir immer wieder unglaubliche Möglichkeiten, unerwartete Mittel werden verfügbar, und manchmal verwirklichen sich meine Ziele ohne weiteres Zutun meinerseits, allein dadurch, dass ich diese Technik praktiziere. Ich weiß nicht genau, wie es funktioniert und was hinter den Kulissen passiert. Es ist so, als würde diese einfache Methode ein riesiges Leuchtsignal in den Himmel senden, das die Welt darauf aufmerksam macht, was ich mir für mein Leben wünsche.

Warum bin ich eigentlich nicht schon früher auf diese Technik gestoßen?

Junge Leute sind unwissend genug, um trotz des Chaos in der Welt zu lächeln, und naiv genug, um daran zu glauben, dass alles gut werden wird.
Menschen in der Mitte ihres Lebens scheinen sich vom Chaos vereinnahmen zu lassen. Sie machen sich Sorgen darüber, wohin es führen könnte, und befürchten, dass hinter jeder Ecke eine Gefahr lauert.
Die alten Leute haben dagegen genug erlebt, um zu wissen, dass die Ängste häufig unbegründet sind. Das Chaos war schon immer vorhanden und wird auch stets fortbestehen. Und wir alle bereichern unser Leben entweder mit schönen Erinnerungen oder wir erreichen unser Ende nach einem Dasein, von dem wir vieles bedauern.

Wenn ich mir nicht die Zeit nehme, mir meine Träume im Geist vorzustellen und eine Verbindung zwischen ihnen und meinem Herzen zu schaffen, werden sie sich aller Wahrscheinlichkeit nach nicht verwirklichen.
Es wäre so, als würde ich ohne Fallschirm aus einem Flugzeug springen und darauf hoffen zu überleben. Es wäre möglich, aber die Chancen wären nicht sehr groß.

Wenn ich einen magischen Wunsch frei hätte und mich in einen Film hineinversetzen könnte und dieser Film sich in meine reale Welt verwandeln würde, welchen Film würde ich auswählen?
Wenn ich eine beliebige Rolle in diesem Film spielen könnte, für welche würde ich mich entscheiden?

WAS KANN ICH HEUTE TUN, UM MEIN LEBEN IN DAS LEBEN AUS DEM FILM ZU VERWANDELN?

Ich mache gerade eine Reise durch Nicaragua. Ich habe mich für dieses Land entschieden, weil es mir einzigartig erschien sowie voller Möglichkeiten, um Neues zu entdecken.
Heute habe ich eine Nachtwanderung zum Krater eines aktiven Vulkans gemacht. Es war vollkommen dunkel, als ich losging. Doch nachdem ich einen bestimmten Punkt erreicht hatte, lichtete sich der Wald zunehmend, und ich konnte Wolken über dem Vulkankrater erkennen. Sie entstanden durch die Verbindung der aufsteigenden Luft aus der ultraheißen Lava unten und der kühlen feuchten Luft darüber.
Die glühende Lava im Krater ließ die Wolken rosafarben vor dem dunklen Nachthimmel schimmern. Es wirkte geheimnisvoll und gleichzeitig überaus beeindruckend. Als ich die Spitze des Vulkans erreicht hatte, ging ich zu einer Stelle, an der man sich über den Kraterrand beugen und die kochende, schäumende Lava sehen konnte. Gebannt beobachtete ich minutenlang, wie die rote, heiße Flüssigkeit brodelnde Blasen warf, die schließlich explosionsartig aufplatzten und Hitzewellen zu mir nach oben sandten.
Für jemanden, der sich nach Abenteuern sehnt, sind es Momente wie diese, die das Leben lebenswert machen.

Eine großartige Übung zur Selbstfindung besteht darin, die eigenen Handlungen zu hinterfragen.

Warum mache ich das, was ich jeden Tag tue?

Ist es meine eigene Entscheidung?

Habe ich mich bewusst dazu entschlossen, die wertvollen Minuten meines Lebens diesen Aktivitäten zu widmen, oder reagiere ich lediglich aufgrund eines gefilterten, vereinfachten Verhaltensmusters, das mir eigentlich gar nicht entspricht?

Heute Abend fuhr ich nach einem Termin nach Hause. Es war gerade Rushhour, und die Autos klebten im zäh fließenden Verkehr dicht aneinander. All die Menschen, die im Süden arbeiteten, versuchten, in Richtung Norden nach Hause zu gelangen. Auf der anderen Seite des Highways war ebenfalls ein endloser Strom von Autos unterwegs. Dies waren die Leute, die im Norden arbeiteten und nun gen Süden nach Hause fuhren.

Da 80 bis 90 Prozent der Menschen ihren Job ohnehin nicht gerne machen, könnte doch jemand eine App entwickeln, die es den Leuten ermöglicht, ihre Jobs einfach miteinander zu tauschen. Auf diese Weise könnten die Menschen, die im Süden leben und nach Norden fahren, mit den Leuten tauschen, die es genau umgekehrt machen. So könnten sie alle mindestens einein-

halb Stunden sparen, die sie täglich mit dem Weg zur Arbeit verbringen.
Oder wie wäre es, wenn wir uns auf etwas ausrichten würden, das eigentlich lächerlich offensichtlich erscheint, aber nur selten gelebt wird? Wenn wir die Dinge aufschreiben würden, denen wir uns an den Wochenenden gerne widmen, um schließlich in einem Bereich zu arbeiten, der etwas damit zu tun hat. Auf diese Weise würden wir für die Dinge bezahlt werden, die wir in unserer Freizeit gerne machen.
Vielleicht wäre es kein perfektes System, aber wenn ich ein Buchhalter wäre und gerne zum Wandern ginge, könnte ich als Buchhalter in einem Unternehmen arbeiten, das Wanderschuhe herstellt.
Zumindest würde sich dann der tägliche Weg zur Arbeit lohnen.

Es ist erstaunlich, auf welche Weise ein bestimmter Song meine Laune verändern kann. Innerhalb von Sekunden fühle ich mich inspiriert, obwohl ich unmittelbar zuvor noch ziemlich energielos war. Außerdem bleibt die positive Energie lange erhalten. Ich habe den Song häufig den ganzen Tag im Ohr, sodass er mich immer wieder aufbaut.

Vielleicht besteht eine der großen Chancen im Leben darin, solche Trigger zu erkennen. Die Songs, Filme, Orte, Menschen … zu finden, die uns Energie verleihen und uns ein positives Gefühl vermitteln, obwohl wir das vorher nicht für möglich gehalten hätten.

Dann bestünde die zweite große Chance darin, uns selbst zuzugestehen, ständig in diese Energie einzutauchen. Nicht nur, wenn wir uns energielos oder niedergeschlagen fühlen und uns wieder aufbauen möchten. Sondern fortwährend, sodass wir neue Energieniveaus erreichen und vorhandene Grenzen verschieben können sowie in verschiedenen Bereichen eine Größe in uns selbst entdecken, die uns sonst für immer verborgen geblieben wäre.

Ich bin in einem Haushalt aufgewachsen, in dem die Spätnachrichten das Letzte waren, was alle sich vor dem Zubettgehen ansahen. Ich weiß nicht, warum wir uns das zur Gewohnheit gemacht hatten. Es war einfach so.

Nachdem ich mich mittlerweile viele Jahre mit Neurowissenschaften und den Funktionsweisen unseres Gehirns beschäftigt habe, beende ich meine Tage nicht mehr auf diese Weise.

Wir nehmen ständig Energie auf. Bilder, Geräusche, Lichtimpulse, Worte etc. Diese Energien haben einen Einfluss auf unseren Zustand. Darauf, wie wir uns fühlen, auf unsere Emotionen, Gedanken und Überzeugungen.

Das Fernsehen ist ein großer Übermittler solcher Energien. Egal, was wir kurz vor dem Zubettgehen in uns aufnehmen, es kann acht oder mehr Stunden nirgendwo sonst hin. Wir können es nicht beim Gehen loswerden. Wir können es nicht im Laufe des Tages mit neuen Energien fortspülen. Es bleibt stundenlang in uns haften, während wir schlafen.

Ich möchte nicht, dass die neueste Horrorgeschichte darüber, wie unmenschlich Menschen miteinander umgehen, acht Stunden pro Tag in mir hängenbleibt. Das

wäre so, als würde ich in eine toxische, klebrige Masse eintauchen.
Dagegen bin ich gern etwa für eine Comedyshow zu haben oder für eine Sendung über etwas, das mich begeistert, oder für ein YouTube-Video über ein Abenteuer, das ich selbst gerne erleben möchte. Sie vermitteln eine Energie, die ich willkommen heiße.

Wie wäre es, wenn ich angesichts einer Herausforderung den Mut hätte, andere Fragen zu stellen?
Es gibt eine Grenze, die ich für gegeben erachte. Aber warum bin ich davon überzeugt?
Glaube ich es **tatsächlich**? Oder bete ich lediglich die Überzeugung von jemand anderem nach?
Wie würde meine Welt aussehen, wenn ich es nicht glauben würde?
Welche Bedeutung könnte dieser Moment außerdem für mich haben?

In unserem Herzen befindet sich ein Zielsuchgerät, das uns dabei unterstützt, das Leben zu führen, zu dem wir fähig sind. Es leitet uns in den schwierigsten Zeiten. Es bringt uns wieder auf die richtige Spur, wenn wir weit vom Weg abgekommen sind. Es beschert uns unvorstellbare Momente der Freude und Erfüllung. Allerdings funktioniert es in vieler Hinsicht wie ein Muskel. Wenn wir es nicht nutzen, verliert es an Kraft, und wenn es missbraucht und verletzt wird, ist es weniger wirksam.
Es ist vorhanden, das ist eine Tatsache. Aber was wir damit anfangen, ist unsere Entscheidung.

Siege, Erfolge, erreichte Ziele … bei alldem handelt es sich um sehr subjektive Vorstellungen.
Wenn andere Menschen meinen Einsatz am Ende des Tages mit diesen Begriffen bewerten, ich selbst mein Engagement aber anders einstufe, wie gut wird es mir dann damit gehen? Wie authentisch werde ich leben?
Es wäre besser, meine eigene Version dieser Begriffe zu entwickeln.
Was würde in mir das Gefühl hervorrufen, dass ich beim Spiel des Lebens auf der Gewinnerseite stehe?
Wie definiere ich Erfolg für meine eigene Existenz?

Nach diesem Ansatz möchte ich mein Leben gestalten und meine Realität definieren:

AUF WELCHE ART UND
WEISE MÖCHTE ICH DIE
WERTVOLLEN MINUTEN
MEINES LEBENS
VERBRINGEN?

Die Größe meines aktuellen Problems ist direkt proportional zu der Größe des letzten »Berges«, den ich bestiegen habe.
Wenn ich bereit bin, neue Dinge auszuprobieren und neue Herausforderungen anzunehmen – und seien es kleine –, fördert das mein Selbstbewusstsein. Es versetzt mich in die Lage, die nächste Herausforderung entspannter anzugehen. Eleganter mit einem neuen Problem zu verfahren. Wenn meine Welt jedoch sehr klein ist, überfordern mich selbst kleine Probleme.
Neue Gerichte oder einen anderen Weg zur Arbeit auszuprobieren, eine mir unbekannte Gegend in der Nähe meines Wohnorts zu erkunden … all das bereitet mich auf künftige Abenteuer vor. Und je mehr dieser kleinen Dinge ich ausprobiere, desto besser bin ich auf die größeren Herausforderungen vorbereitet. Das geht sogar so weit, dass ich mich innerlich nach den größeren Abenteuern sehne und mich prinzipiell für die Welt der Möglichkeiten öffne.

Es bringt nicht viel, wenn wir ein dysfunktionales Verhaltensmuster bei uns selbst erkennen, es aber stets aufs Neue wiederholen.
Es ist zwar besser, als uns des Musters nicht bewusst zu sein, aber nicht viel.

Ich war heute beim Angeln am Meer. Als ich auf ein paar großen Felsen stand, erblickte ich unten im Wasser ein glitzerndes Objekt. Mit etwas Mühe gelang es mir, es mit dem Haken an die Oberfläche zu ziehen. Es war eine Angelrolle.

Auf irgendeine Weise war sie ins Salzwasser gefallen, und die Folgen waren offensichtlich. Die Kurbel war festgerostet und ließ sich nicht bewegen. Der Schnurfangbügel war teilweise gebrochen, so stark hatte der Rost am Draht genagt. Öl und Fett, die früher dafür gesorgt hatten, dass die Spule sich reibungslos drehte, waren längst weggespült worden, sodass auch diese sich nicht mehr bewegen ließ.

Was früher ein perfekt ineinander greifendes Gerät gewesen war, zersetzte sich mittlerweile. Es war in eine

toxische Umgebung gefallen, wurde nicht mehr bewegt und verlor seine Funktionsfähigkeit. Auf diese Weise ging es früher als nötig kaputt.

Wir unterscheiden uns nicht allzu sehr von dieser Angelrolle. Es gibt Orte, Menschen und Umgebungen, die uns dazu inspirieren, uns zu bewegen. Sie fördern unsere Existenz, anstatt toxisch zu wirken. Sie versorgen uns mit den Dingen, die wir benötigen, um geschmeidig und mühelos zu funktionieren.

Es lohnt sich, nach solchen positiven Bedingungen zu suchen und uns damit zu umgeben. Selbst wenn es etwas Mühe kostet, einen solchen Zustand zu erreichen.

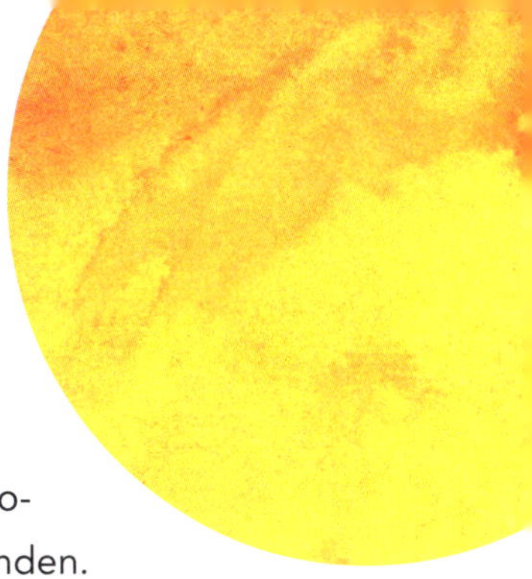

Es gibt eine Kraft, die so viel mächtiger ist als das, was wir in unserem Umfeld wahrnehmen. Wir finden einen Zugang zu dieser Kraft, wenn wir uns im Einklang mit unserem Herzen, unseren Passionen und unserem Lebenssinn befinden. Wenn das der Fall ist, geschehen erstaunliche Dinge – auf eine fast mysteriöse Weise.

Lange Zeit hörte ich Menschen darüber sprechen, glaubte aber nicht daran. Ich hatte schon viel erlebt, diese »geheimnisvolle Kraft« aber nie wahrgenommen. Daher gab ich natürlich nichts darauf.

Meine Haltung dazu war, dass ich einen Beweis haben wollte. Wenn es einen Beweis dafür gab, dass diese Kraft mir helfen würde, wollte ich beginnen, im Einklang mit meinem Herzen, meinen Passionen und meinem Lebenssinn zu leben. Doch genau darin lag das Problem. Die Kraft trat nicht in Erscheinung, solange ich das nicht tat. Und ich glaubte nicht daran, solange sie nicht greifbar war.

Erst als ich einen persönlichen Tiefpunkt erreicht hatte und erkannte, dass ich mich völlig verlieren würde, wenn ich so weitermachte wie bisher, beschloss ich, im

Einklang mit mir selbst zu leben. Und auf magische Weise tauchte die Kraft auf.

Immer wieder half diese Präsenz mir auf eine Weise, die ich nie hätte vorhersehen können. Gänzlich unerwartete Umstände ließen mich auf Ressourcen stoßen, nach denen ich suchte. Ich erhielt genau zum richtigen Zeitpunkt eine Information, die ich benötigte, und zwar aufgrund der zufälligen Bemerkung eines Fremden, mit dem ich mich zufällig auf irgendeiner Party unterhielt. Chancen, die ich mir wünschte, kamen auf eine unerfindliche Weise auf mich zu, ohne dass ich mich besonders darum bemüht hatte.

Diese Dinge ließen sich nicht rational erklären. Und all das konnte kein Zufall sein.

Ich weiß nach wie vor nicht, wie all das funktioniert. Aber das tut es. Und je mehr ich mich mit dieser Kraft verbinde, desto erstaunlicher und müheloser wird das Leben.

Lange Zeit war ich unschlüssig, in welche Richtung mein Leben sich bewegen sollte. Da ich mich nicht entscheiden konnte, begann ich einfach, mich von den Dingen zu verabschieden, die ich nicht mehr wollte. Das gab mir neuen Raum, um zu entdecken, was ich mir wünschte.

Mir wurde bewusst, dass es unmöglich war, einen ruhigen Zustand der Reflexion zu erreichen, wenn mein Leben ständig mit einer Geschwindigkeit von 200 Kilometern pro Stunde ablief. Anfangs war es etwas seltsam, mehr Raum zu haben und diesen nicht mit einer Aktivität oder einem Ziel zu füllen. Doch die Antworten stellten sich genau in diesem Raum ein. Ich musste mir lediglich Zeit dafür geben.

Ich weiß nicht, woher es kam, aber in meiner Jugend machte ich mir ständig Gedanken darüber, was alles schieflaufen könnte. Ich versuchte immer vorherzuahnen, wo möglicherweise ein Misserfolg drohte, um für diese Fälle gewappnet zu sein.
Dieses Verhalten behielt ich auch als Erwachsener bei. Es wurde mir zur Gewohnheit. Mein Geist war ständig im Vorbereitungsmodus, da ich stets auf der Suche nach allen möglichen Dingen war, die vielleicht nicht funktionieren würden, und mir verschiedenste Reaktionen für diese Fälle überlegte. Das führte zu einer starken geistigen und emotionalen Anspannung.
Es gehörte zu den größten Veränderungen meines Lebens, als ich meine innere Haltung änderte und nunmehr davon ausging, dass die Dinge gut laufen würden. Diese Veränderung geschah nicht von einem Moment zum anderen. Doch im Laufe der Zeit und mit etwas Übung trainierte ich meinen Geist, anders zu funktionieren. Wenn er sich auf mögliche Schwachpunkte konzentrieren wollte, stellte ich mir stattdessen bewusst ein positives Ergebnis vor, das ich mir wünschte. Das erforderte ein gewisses Maß an Vertrauen. Für die Fälle, in denen etwas schiefging, hatte ich keine vorbereiteten Pläne parat – das musste ich erst mal lernen

zu akzeptieren. Und ich musste darauf vertrauen, dass ich dennoch einen Weg finden würde, um mit der Situation fertigzuwerden.

Im Laufe der Zeit wurde es mir zur Gewohnheit, mich auf das Ergebnis auszurichten, das ich mir wünschte. Dadurch veränderte sich meine Realität dramatisch. Denn sobald ich mich auf die positiven Ergebnisse konzentrierte, verwirklichten sie sich viel häufiger als in der Zeit, in der ich mich auf potenzielle Fehler und Misserfolge fokussiert hatte.

Das ständige geistige »Rauschen« in meinem Kopf beruhigte sich, und mein Leben verbesserte sich grundlegend.

Diese einfache Technik gehört zu den kosmischen Kräften des Universums, die jedem Einzelnen von uns zur Verfügung stehen. Davon bin ich fest überzeugt.

Eines Abends war ich mit dem Kanu auf dem See hinter meinem Haus unterwegs. Ich mache das oft alleine, weil ich die friedliche Ruhe so gerne mag. Es ist eine großartige Zeit, um nachzudenken. An diesem Abend ging ein ziemlich starker Wind. Als ich mich vom Ufer abstieß, musste ich sofort gegen die Wellen ankämpfen. Ich wollte den See überqueren, um auf die andere Seite zu gelangen. Ich paddelte zwei Mal auf der rechten Seite, doch sofort drückte der Wind den vorderen Teil des Kanus weit nach links hinüber. Daraufhin paddelte ich auf der linken Seite, doch da schubste der Wind den vorderen Teil des Kanus weit nach rechts hinüber.

Normalerweise ist das Wasser auf dem See ziemlich ruhig, sodass ich sehr gut vorankomme. Aufgrund der Turbulenzen an diesem Tag kam ich allerdings nur mühsam von der Stelle. Ich hatte den Eindruck, mit vier Paddelschlägen nur etwa dreißig Zentimeter vorwärtszugelangen. Es war frustrierend. Zum einen ließen meine

Kräfte aufgrund der großen Anstrengung nach, und zum anderen nahm meine Begeisterung rapide ab.

Während ich mich so abkämpfte, gingen mir folgende Gedanken durch den Kopf:

1. Wenn das Wasser turbulent ist, komme ich nur langsam voran und brauche viel länger, um mein Ziel zu erreichen.
2. Wenn das Wasser turbulent ist, muss ich meine gesamte Aufmerksamkeit darauf richten vorwärtszukommen, da ich sonst rasch vom Kurs abgedrängt würde.
3. Im turbulenten Wasser vorwärtszukommen erfordert viel mehr Energie, als wenn das Wasser ruhig ist.
4. Wenn das Wasser turbulent ist, sodass ich nur langsam vorankomme und mich ständig abmühen muss, um auf Kurs zu bleiben, bringt mir die Fahrt viel weniger Spaß.

Ich kämpfte also mit dem Wind und machte mir dabei diese Gedanken. Dann erinnerte ich mich plötzlich an etwas. Der menschliche Körper besteht zu etwa sechzig Prozent aus Wasser.

Irgendwie inspirierte mich das dazu, in meinen vier Erkenntnissätzen den Begriff »Wasser« durch die Worte »mein Leben« zu ersetzen. Der Satz

Wenn das Wasser turbulent ist, komme ich nur langsam voran und brauche viel länger, um mein Ziel zu erreichen.

lautete nun:

Wenn mein Leben turbulent ist, komme ich nur langsam voran und brauche viel länger, um mein Ziel zu erreichen.

Es klang so einfach, hatte aber eine große Kraft. Ich schloss Folgendes daraus: Wenn ich leichter und schneller in meinem Leben vorankommen will, sollte ich damit beginnen, die Ursachen dieser Turbulenzen zu beheben.
Dann dachte ich über die zweite Erkenntnis nach.

> *Wenn das Wasser turbulent ist, muss ich meine gesamte Aufmerksamkeit darauf richten vorwärtszukommen, da ich sonst rasch vom Kurs abgedrängt würde.*

Das ist so wahr. Wenn ich in ruhigem Wasser paddle, kann ich ein interessant aussehendes Ufer erkunden, den Sonnenuntergang genießen oder neue Wasserwege auskundschaften. Und es dauert nur wenige Augenblicke, wieder auf Kurs zu gelangen. Ich habe die Freiheit, mental und selbst körperlich abzuschalten und neue Dinge auszuprobieren, ohne mich dabei von meinen Zielen zu entfernen. Doch wenn alles turbulent ist, kann bereits ein Umweg von ein paar Sekunden einen mühsamen Kampf zur Folge haben, um wieder auf Kurs zu kommen. Als ich die Begriffe in diesem Satz austauschte, lautete er:

Wenn mein Leben turbulent ist, muss ich meine gesamte Aufmerksamkeit darauf richten vorwärtszukommen, da ich sonst rasch vom Kurs abgedrängt würde.

Auch das stimmte und führte mich zu den folgenden Überlegungen: Habe ich die Freiheit, neue Dinge auszuprobieren oder mir die Zeit zu nehmen, meine Umgebung zu genießen? Kann ich an einem beliebigen Tag beschließen, mich für zwei Stunden zum Lesen hinzusetzen, in einer Kunstgalerie herumzuschlendern, ein Spiel mit meinem Kind zu spielen oder eine Stunde lang mit einem alten Freund zu telefonieren? Oder fordert meine aktuelle To-do-Liste jede Minute meiner Zeit, weil sonst alles außer Kontrolle geraten würde?

Falls Letzteres der Fall ist, habe ich zugelassen, dass die Dinge, die zu Turbulenzen in meinem Leben führen, mein Leben kontrollieren. Dann bin ich ein Gefangener meiner To-do-Liste.

Nun widmete ich mich gedanklich meiner dritten Erkenntnis.

Im turbulenten Wasser vorwärtszukommen erfordert viel mehr Energie, als wenn das Wasser ruhig ist.

Dieser Satz lautete nun:

In turbulenten Zeiten meines Lebens vorwärtszukommen erfordert viel mehr Energie, als wenn mein Leben in ruhigen Bahnen verläuft.

Damit konnte ich sofort etwas anfangen. Es gab viele Zeiten in meinem Leben, in denen alles turbulent war. Mein Job, meine Beziehungen … sogar mein Weg zur Arbeit, der so lang und anstrengend war, dass er mich vollkommen auslaugte. Ich kam jeweils so fertig zu Hause an, dass ich keinen klaren Gedanken mehr fassen konnte.
Im Gegensatz dazu schien in den ruhigen Phasen meines Lebens alles in einem mühelosen Fluss zu sein. Projekte liefen reibungslos ab, Beziehungen entwickelten sich positiv …

Schließlich dachte ich über meine vierte und letzte Erkenntnis nach.

> *Wenn das Wasser turbulent ist, sodass ich nur langsam vorankomme und mich ständig abmühen muss, um auf Kurs zu bleiben, bringt mir die Fahrt viel weniger Spaß.*

Als ich die Begriffe austauschte, lautete sie:

> *Wenn mein Leben turbulent ist, sodass ich nur langsam vorankomme und mich ständig abmühen muss, um auf Kurs zu bleiben, bringt mir meine Reise viel weniger Spaß.*

Was für eine beeindruckende und profunde Erkenntnis das doch war. Jeder Mensch hat seine eigene Vorstellung davon, worum es im Leben eigentlich geht. Warum er hier ist. Was der Zweck seiner Existenz ist. Im Rahmen all dessen besteht die Möglichkeit, das Leben zu genießen und Spaß zu haben. Nach langem, intensivem Nachdenken bin ich mittlerweile davon überzeugt, dass dies einer der wesentlichsten Aspekte des Lebens ist. Dieser Planet ist ein überaus faszinierender Spielplatz. Wir können Dschungel erkunden, verschiedenste Speisen probieren, uns mit alten Zivilisationen befassen, über alle möglichen Ideen nachdenken, Menschen kennenlernen …

Allerdings ist es sehr schwer, etwas zu genießen oder Spaß zu haben, wenn unser Leben voller Turbulenzen ist.

Ich saß also in meinem Kanu, kämpfte mit den Turbulenzen und dachte über diese Erkenntnisse nach. Irgendwann blickte ich zufällig genau in die Richtung, aus der der Wind kam, der die Turbulenzen verursachte. Und ich erkannte, dass es am gegenüberliegenden Ufer vollkommen ruhig war.

Mit einem Mal machte es Klick in meinem Kopf und mir wurde etwas bewusst. Es war eine sehr einfache Erkenntnis, die für mich allerdings in weiten Teilen meines Lebens kaum zu fassen gewesen war.

Wir alle erleben irgendwann Turbulenzen. Manchmal

sind sie so stark, dass wir uns fragen, ob wir je wieder in ruhigeres Gewässer kommen werden. Aber in diesem Moment wurde mir klar, dass dieses stets vorhanden ist. Es befindet sich genau in der Richtung, aus der die Turbulenzen kommen. Wenn der Wind beim Kanufahren aus östlicher Richtung weht, dann ist es am Ostufer ruhig. Wenn die Turbulenzen im Leben von unserem Job, unserer Beziehung oder unserer Einstellung herrühren, dann besteht der Weg zur Ruhe darin, uns damit auseinanderzusetzen.

Das Leben ist wie ein Theaterstück. Allerdings sind nicht alle Theaterstücke demselben Genre zuzuordnen. Zudem sind die Rollen in den Stücken unterschiedlich. Darüber hinaus gleichen auch nicht alle Kostüme einander.

Es ist eine Illusion zu meinen, es gäbe Rollen, Kostüme, Genres …, die wir uns zu eigen machen müssten. Das ist nicht der Fall. Wir haben stets die Wahl.

Das Erstaunliche dabei ist Folgendes: Wenn wir unsicher sind, welche Rolle wir spielen sollten, können wir uns einfach selbst die Frage stellen: »Welche Rolle würde ich *gerne* spielen?« Und wenn wir ehrlich sind, bekommen wir die Antwort sofort.

Das Gleiche gilt für die Kostüme, die wir tragen, und für die Art der Stücke, in denen wir uns wiederfinden möchten. Wir haben bei alldem eine Wahl. Und wir wissen das, denn wenn wir unser Leben ehrlich betrachten, erkennen wir, dass der Punkt, an dem wir uns im Moment befinden, all die Entscheidungen widerspiegelt, die wir bisher getroffen haben.

Mangels eines bevorzugten Ziels neigen wir dazu, genau dort zu bleiben, wo wir sind. Selbst wenn es uns da nicht gefällt.

Der Vergleich unserer aktuellen Realität mit alternativen Realitäten hilft uns dabei, uns zu bewegen.

So wie Wasser ewig lange in einem Eimer bleibt – fast unbeweglich, stagnierend –, so wird es sich auch mit unserem Leben verhalten. Aber in dem Moment, in dem ein Loch im Eimer ist, fließt das Wasser rasch zu einem neuen Ziel.

Es ist unsere persönliche Aufgabe, selbst die Löcher in unseren eigenen Eimer zu bohren. Die Fenster zu neuen Realitäten zu öffnen und uns neue Wege zu neuen Orten zu erschließen. Wenn wir das tun, beginnen wir zu fließen, und dieser Flow verleiht uns ein Gefühl der Lebendigkeit.

Es ist erstaunlich, wie viele erwachsene Menschen ihr Leben so gestalten, wie ihre Eltern es immer wollten. Sie arbeiten in Berufen, die sie sich nicht selbst ausgesucht haben. Sie verhalten sich auf eine Weise, die nicht die ihre ist …
Sie wissen all das. Sie können es genau erklären und bekunden, wie sehr sie sich etwas anderes wünschen. Dennoch beschreiten sie jeden Tag wieder aufs Neue dieselben Pfade.
Vielleicht ist es eine der großen Herausforderungen, was es heißt, Mensch zu sein: den Mut zu finden, sich von den Erwartungen und Träumen seiner Eltern zu lösen und stattdessen die eigenen Träume zu entdecken und zu verwirklichen.

WOMIT WERDEN SIE AUFHÖREN, DAMIT SIE ETWAS NEUES BEGINNEN KÖNNEN?

Es kommt nur selten vor, dass jemand so viel freie Zeit zur Verfügung hat, dass er problemlos eine neue Aktivität zu einer beliebigen Zeit in seinen Tag integrieren kann. Wahrscheinlicher ist, dass etwas weichen muss, damit etwas Neues hinzugefügt werden kann.

Dies kann eine überaus stärkende Erfahrung sein. Sie werden wie ein Gartenexperte, der auswählt, welche Äste eines Baumes zurückgeschnitten werden müssen, damit es zu neuem Wachstum kommen kann. Anstelle von Ästen geht es bei Ihnen allerdings um Aktivitäten, Gedanken und Verhaltensweisen in Ihrem Leben.

Was möchten Sie in Ihr Leben integrieren? Was muss weichen, damit neuer Raum dafür entsteht?

Der Weg zur Erfüllung unserer Träume ist voller Hindernisse. Hinter jeder Biegung lauern Gefahren. Hürden blockieren unseren Pfad. Verborgene Probleme warten bereits auf uns.
Sie sind schrecklich und furchteinflößend und begleiten uns so lange auf unserem Weg, bis wir uns ein Herz fassen und unser Abenteuer tatsächlich beginnen. Dann erkennen wir, dass es sich dabei stets um nichts anderes als Illusionen gehandelt hat.

Orte haben verschiedene Eigenschaften. Sie können warm oder kalt sein. Manche sind launisch und unberechenbar aufgrund von Erdbeben, Hurrikanen oder Tornados. Andere sind dagegen still und friedlich. Manche Orte haben lästige Merkmale wie zum Beispiel viele angriffslustige Stech- oder Sandmücken. Andere sind gastfreundlicher und angenehmer.
Auch Menschen haben Eigenschaften ähnlich denen, die oben manchen Orten zugeschrieben wurden.
Eins der befreiendsten Gefühle auf der Welt stellt sich ein, wenn wir uns erlauben, Orte und Menschen zu betrachten, um zu entscheiden, ob sie aufgrund ihrer Eigenschaften zu denjenigen gehören, deren Nähe wir gerne suchen. Denn wir haben stets die Wahl.

Eine der nützlichsten Gewohnheiten im Leben ist zu fragen: »Warum?«

Wenn ich darüber nachdenke, einen anderen Beruf zu ergreifen –

WARUM?

Wenn ich mich mit dem Gedanken trage, meinen Job zu kündigen –

WARUM?

Wenn ich überlege, ob ich studieren, heiraten, die Welt bereisen soll –

WARUM?

Dieses einfache kleine Wort erschließt bedeutende Wahrheiten und Einsichten sowie Teile unserer Seele, die still in Reichweite unseres unbewussten Geistes sowie tief in unserem Herzen sitzen.
Es verleiht unseren Entscheidungen einen Impuls sowie eine Bedeutung und treibt uns mit einer Intensität in positive Richtungen, die sonst nicht vorstellbar wären.

Ein Tag vergeht so schnell. Daraus wird eine Woche, die ebenfalls rasch vergeht. Dann ein Monat, eine Jahreszeit, und bald schon sagen wir zu jemandem: »Ich kann nicht glauben, dass schon wieder Weihnachten ist.«
Unser Leben verstreicht in einem Wimpernschlag. Es auf eine Weise zu leben, dass wir jeden neuen Tag, jede Woche, jeden Monat und jedes Jahr voller Vorfreude und Spannung erwarten: Dafür ist es genau jetzt an der Zeit.

Lösen Sie die Fesseln, die Sie an die Vision ketten, die ein anderer Mensch von Ihrem Leben hat. Überwinden Sie die Schranken, die Sie auf einem Pfad festhalten, den Sie nicht selbst gewählt haben. Befreien Sie Ihr Herz und Ihre Seele von den Erwartungen und Forderungen anderer.

Dies ist Ihr Leben. Dies ist Ihre Existenz. Sie wird nicht daran gemessen werden, inwiefern Sie den Vorstellungen anderer entsprochen haben, sondern inwiefern Sie mit Ihrem Leben Ihre eigenen Erwartungen erfüllt haben.

MEINE AHA-MOMENTE:

MEINE AHA-MOMENTE:

MEINE AHA-MOMENTE:

MEINE AHA-MOMENTE:

MEINE AHA-MOMENTE:

MEINE AHA-MOMENTE:

MEINE AHA-MOMENTE: